Anonymous

Briefe, scurrilischen Inhalts

eine Beilage zur Bibliothek der elenden Scribenten. Erster Teil

Anonymous

Briefe, scurrilischen Inhalts
eine Beilage zur Bibliothek der elenden Scribenten. Erster Teil

ISBN/EAN: 9783743497757

Hergestellt in Europa, USA, Kanada, Australien, Japan

Cover: Foto ©ninafisch / pixelio.de

Weitere Bücher finden Sie auf **www.hansebooks.com**

Briefe,
scurrilischen Inhalts:

Eine Beylage

zur

Bibliothek

der elenden Scribenten.

Αγωνισμα μαλλον ἐς το παραχρημα ακυειν ἠ κτημα ἐς ἀει —

Erster Theil.

1769.

Vorbericht.

Der Titel meines Buchs ist sehr willkührlich. Ich hätte es mit eben dem Rechte *Epistolae Homericae* überschreiben können, als ein anderer, der in einem Octavbande sechs Seiten dem Homer gewidmet hatte. Anfangs war ich auch Willens, es zu betiteln: Briefe zur Bildung des Geschmacks. Denn der gröste Theil ist von Männern geschrieben, die in dem Besitze des guten Geschmacks sind. Oder, dachte ich, wie wäre es, wenn du

Vorbericht.

du schriebst: Briefe des deutschen *Publici?* Endlich rieth mir ein Freund, diese Briefe Antiquarische Briefe zu nennen. Allein ich glaubte, scurrilische Briefe würden eben das seyn. Meine Herren Correspondenten, die mir für die Bekanntmachung ihrer Briefe ohne Zweifel sehr verbunden seyn werden, scurrilisiren troß dem Erz-scurrilitätenmeister Leßing, der auch hier in meiner Sammlung den übrigen Herren mit gutem Exempel vorgegangen ist. Also scurrilische Briefe! Wem dieser Titel nicht gefällt, der kann in sein Exemplar dafür schreiben: Romantische, oder Antiquarische Briefe.

Wie

Vorbericht.

Wie ich zu diesen Briefen gekommen sey? Augenblicklich will ich dem, der diese Frage an mich thut, antworten, wenn er nur mir erst wird gesagt haben, wie Nikolai zu seiner Einsicht in die schönen Wissenschaften, Leßing zur Kenntniß der Antiken, Reiske zu seinem kräftigen Deutsch, und Crusius zu seiner Bekanntschaft mit den unterirrdischen Geistern gekommen sey. — Weil ich übrigens das Glück hatte, viele derselben zu sammeln, so urtheilte ich, daß sie als ein eigenes Buch schon mit unterlaufen dürften. Ich lege diesen ersten Theil nur als eine Probe vor, und versichere, daß ich noch mit einem star-

Vorbericht.

ten Vorrathe versehen bin. Leßing, o mein edler Rival! wir wollen sehen, ob Du mit Deinen Antiquarisch-scurrilischen Briefen sechs Bände füllen wirst.

Noch erwartet man vielleicht, daß ich mich über den Werth dieser Sammlung und über den Ton erkläre, den die Verfasser in diesen Briefen genommen. — Vide quam sim antiquorum hominum, antwortete Cicero dem lauen Atticus. Und eben dies können auch die Verfasser dieser Briefe sagen.

Den schleichenden, süssen Komplimentierton scheinen die Verfasser überhaupt

Vorbericht.

haupt nicht zu lieben, die mehr das Lob der Bescheidenheit als der Höflichkeit suchen. Sie sind Freunde der ächten Urbanität, die vor alten Zeiten Catull kannte, und ietzt nur Leßing versteht.

Wem diese Briefe allzuklein, allzuunerheblich vorkommen sollten, für den, dünkt dem Herausgeber, ist wohl das ganze Fach nicht, in welches sie gehören.

Der Herausgeber.

Erster Brief.

Herr Heyne
an
Herrn Leßing.

Göttingen am 1sten Nov. 1768.

Glück zu! mein lieber Freund, Glück zu! Nach Italien wollen Sie also reisen? Welche Wonne!

Wonne! welche Freude! Winkelmanns Verlust wollen Sie ersetzen? Gewiß, ein rühmlicher Vorsatz! Ein Vorsatz, der Ihrem flatterhaften Geiste Ehre macht! Verzeihen sie mir diesen offenherzigen Ausdruck. Sie sind darzu gebohren, unstät und flüchtig zu seyn. Bald sind Sie in Berlin, bald in Leipzig, bald in Breslau, bald in Hamburg, und bald — bald werden Sie in Rom seyn. Meine fatale Hypochondrie! Wäre diese nicht, — wahrhaftig ich schwärmte mit Ihnen herum. Wir wollten die ganze Welt durchziehen und ausforschen. Sie schrieben dann die Fortsetzungen Ihrer sämtlichen brüderlosen Werke, Ihres herrlichen Laokoons, Ihrer herrlichen theatralischen Bibliothek 2c. und ich — ja ich! — ich beschrieb den Ursprung der löblichen Beckerinnung*). Was für Erfahrungen w~~ü~~ ei~~~~

---

*) Origines panificii.

einsammlen wollten! was für Entdekkungen machen! Eine herrliche Erndte sollte dies werden. Aber ach! ich kan nicht mit Ihnen umher schweifen. Wollten sie aber so lange warten, mein lieber Leßing, bis ich den Buchhändler Reich meinen Antheil von Guthrie vollends abgeliefert habe, dann wollten wir doch wohl noch Rath schaffen. Meine Hypochondrie, meine Grillen, meine Frau, nichts sollte mich zurückhalten. Der ehrliche Reich (denn ich muß Ihnen nur meine Räthsel auflösen) zahlt mir für ieden Bogen von seinem lieben Guthrie einen Ducaten, und dieser Ducaten hab' ich noch nicht genug. Nur noch ein halbes Jährgen, dann werde ich ihn so geprellt haben, daß wir Ducatenreich nach Italien werden ziehen können. Ich will den Sosias schon dreßiren; ietzt bin ich erst hinter die rechten Autorschliche gekommen. Ich mache zu ieden Bogen Eine Note, manchmahl auch gar keine, und bekomme doch meinen reinen Ducaten; Welche Wolluſt! Schade, daß ich es mit dem erſten Theil nicht eben ſo gemacht habe! Itzt bin ich im Stande, alle Tage vier Ducaten zu verdienen. Haben Sie wohl eben dies mit Ihrer Dramaturgie bewerkſtelligen können? Doch, was Ihnen dabey abgegangen iſt, werden Sie wohl durch Ihre Thätigkeit im Spielen erſetzt haben. Nicht wahr, mein Herzens-Leßing? Nun ja, wir gehen nach Italien. Meine Frau mag dahinten bleiben. Sie werden Winckelmann der II, und ich — ich werde ein Cicerone, ein deutſcher Bandini.

Daß Sie Klotzen, (der zu meinem größten Aergerniß nicht allein Hofrath ſondern auch Geheimer Rath geworden iſt,) nicht blos in einer Recenſion, ſondern in einem ganzen Buche die Wahrheit geſagt und im Triumph aufgeführt haben, freuet mich herzlich. Meine ganze Trockenheit, mein ganzer Ernſt ent-
wich

Erster

mich bey dem Anblick Ihres libelli aureoli. Ich sprang wie ein Kaninchen in meiner Studierstube herum. "Was machst du denn da?„ sagte meine Frau. Stille, schrie ich, stille!

Hic dies vere mihi festus atras
Eximet curas — —

Und diese horazischen Worte verwandelte ich in eine Melodie ad modum trallara ra ra, und brummelte sie nicht blos zur Vesperzeit, wie Lavaters Schweizertrommel, sondern bis in die späte Nacht, worüber sich mein Weib nicht wenig ärgerte. Im Ernste, mein lieber Leßing, schon längst hätt' ich gern dem Hallischen Kunstrichter den Text gelesen. Allein, wie sollt' ich es anfangen? Im Grunde hat er mich' nicht beleidiget; konnte ich also wohl öffentlich gegen ihn schreiben? Ich konnte weiter nichts thun, als was das Maul zu thun vermag. Ueberdies hab' ich keine seiner Schriften in den Göttingischen Zeitungen recensirt,

censirt, worüber sich der gute Mann nicht wenig grämen mag. Doch — so eben fällt es mir ein — sein Büchlein über das Studium des Alterthums, welches unser leutseeliger Nicolai letzthin ohne Zweifel durch Sie — gestehen Sie es nur mir, Ihrem Herzens Freunde — so weidlich hat behandeln lassen, hab' ich angezeigt, und ihm dabey viel Glück zu seiner Reise gewünscht; denn ich glaubte damahls mit andern Leuten sicher, er würde nach Warschau kommen. Nun, da ich mich betrogen finde, werde ich seiner nie wieder in den Zeitungen gedenken, er mag in Rußland oder in Batavia seyn. Ich darf ietzt auch nur andere agiren lassen; bey diesem leidenden Verhalten werde ich mehr Gewinnst als Einbusse haben. Sie, mein Theurester, und die Herren Nicolai und Wichmann verehre ich innigst, weil Sie mir nebst diesen Ihren Collegen so stattliche Dienste leisten. Von Ihnen hätte ich

Erster

es mir wahrhaftig nicht vermuthet. Klotz hat Sie in seinem lateinischen Journale und anderwärts gelobt, und wenn er getadelt hat, so geschah es mit Bescheidenheit. Ich wunderte mich daher nicht wenig, als ich Ihr Werkgen gegen sein Buch von dem Nutzen und Gebrauch der alten geschnittenen Steine zu Gesicht bekam. Was sollte ich also denken?

— Scilli extemplo, rem de compa-
cto geri.

Unser braver Nicolai hat Sie dazu veranlaßt. Nicht so? Gestehen Sie mir es immer; Sie kennen ja meine Verschwiegenheit. Damit Sie auch eine Probe von meiner Offenherzigkeit sehen, so will ich Ihnen entdecken, daß ich eben diese Materie von den alten geschnittenen Steinen zu bearbeiten Willens war, und zu dem Ende ungemein viele Recherchen gemacht hatte. Blitz! wie erschrack ich, als mir Klotzens

Schrift vom Buchhändler gebracht wurde! Meine ganze Mühe ist dahin; die schöne Zeit vergebens verschwendet; kaum daß ich noch ein Paar Anmerkungen zu einer Vorlesung über diese Materie bey der Gegenwart des Herzogs Ferdinand von Braunschweig zusammen stoppeln konnte. Dank, tausendfacher Dank sey Ihnen demnach gesagt, daß Sie so tapfer gegen meinen Usurpateur zu Felde gezogen sind. Ich vergesse willig, was Sie in eben dieser Schrift wider mich, als Göttingischen Recensenten, erinnert haben, und nenne Ihre Arbeit mit voller Ueberzeugung vortrefflich. Sie haben alles auf das herrlichste entwickelt, alle Schliche meines Antipoden aufgedeckt;

 Operta quae fuere, aperta sunt; pa-
    tent praestigiae;
Omnis res palam est. — —
Ueber einzelne Punkte Ihrer antiquatischen Briefe werde ich ein andermahl mit
       Ihnen

Ihnen schwatzen. Bey verschiedenen bin ich nicht einerley Meinung mit Ihnen. Leben Sie unterdes wohl, und machen Sie den zweyten Theil fertig, ehe wir noch nach Italien reisen. Es bleibt dabey! Sie sind, wie ich, ein Anti-Klotzianer

— Optumusque hominum homo es.
VALE.

Zweyter Brief.

Herr D. Nietzki
an
Herrn Prof. Baldinger in Jena.

Halle, am 1sten December 1768.

Das Jurament will ich Ihnen deseriren, und Iniuriarum will ich Sie belangen.

belangen. Es soll Ihnen schon ein andermahl vergehen, mit mir anzufangen; Sie müssen wissen, daß ein Antecessor, longe celeberrimus, in hac Vniuersitate, dem ich das Geheimniß, Gold zu machen, beygebracht, meine Sache führen wird. Wer sonst, als Sie, kann es gewesen seyn, der mich unter die Anzahl der Pränumeranten auf die Bibliothek der Elenden Scribenten gesetzt hätte? Der Neid über meine Pathologiam vniuersam hat Sie dazu verleitet. Aber es wird Ihnen nichts helffen. Die Welt glaubt doch, was sie glauben soll. Ich, Grau und Mayer, werden dann noch verehret werden, wenn Sie mit allem Ihren Geschmacke, mit Ihrem Zimmermann, Tissot, und wie diese unphilosophischen Köpfe weiter heissen, längst vergessen sind. Ueberhaupt hoffe ich, immer noch deutlichere Begriffe von dem Geschmacke und von den schönen Wissenschaften zu besitzen, als Sie und

Ihres

Zwepter.

Ihres gleichen. Was gilts, Sie sollen sich den Kopf lange zerbrechen, ehe Sie eine gründliche Definition von dem Furor poëticus ausfindig machen können? Bin ich aber nicht in das Innerste der Sache gedrungen, als ich in meiner Pathologie ihn also definiret habe: Furor poëticus est mania, quatenus connexa cum insigni promtitudine verba in numeros cogendi. Wer außer mir, konnte ihm die gehörige Stelle zwischen dem St. Veitstanz und der Manntollheit anweisen? Sie sehn also wohl, daß wir mit unserm Demonstriren weiter kommen, als Sie mit Ihrem Geschmacke. Dahero ist es sehr abgeschmackt, und, sit venia verbis! sehr närrisch, daß Sie von Sachen sprechen, wovon Sie doch keine deutlichen und distincten Ideen haben, folglich auch keine Definitiones geben, noch weniger aus derselben Corollaria herleiten können. So bald nur mein Proceß mit Ihnen geendiget seyn wird,

will

will ich Sie noch auf eine andere Art beschämen. Mein treuer Jünger, Lentner, als für dessen Feder Sie bereits gezittert haben, soll nächstens speciminis loco eine Disputation de gustu erudito, physice, medice et aesthetice considerato, unter mir vertheidigen. Der scharfsinnige Grau hat bereits seine Beobachtungen geliefert, und der Bruder Redner, Mayer, wird seine heterodoxen Sätze nächstens einsenden. Auf diese Art hoffe ich, alle meine Feinde schamroth zu machen, und besonders Ihnen zu zeigen, was Ihre Thaten werth sind. Für Ihre Person beharrend

Ihr

geflissentlich dienstwilliger
Nietzki Dr.

Dritter

Dritter Brief.

Herr Johannes Westermann,
Verfasser der allerneuesten Sonnetten,

an

die S. T. Herrn Anticriticos
in Zwätzen und Löbstädt, Eckartsberger
Inspection.

So wie es mir zu besonderer Freude und Consolation gereicht, daß Sie meiner wenigen poetischen Talente, welche leider! viele Feinde und Widersacher gefunden, indem die schändliche Mißgunst immer mit ihrem gelben Zahne an dem Lorbeer der Dichter naget, günstig gedacht, und einige Proben derselben Ihrer bey uns allen beliebten Bibliothek eingerückt haben; so kann ich es doch nicht verhalten, daß mir die Verstümmelung

stümmelung eines meiner, ohne Ruhm zu melden, besten Gedichte, sehr zu Herzen gegangen sey. Hätte ich mir nicht von Ihrer großen Einsicht und dem unglaublichen Muthe, mit welchem Sie denen höchst satyrischen Journalisten begegnet sind, versprechen sollen, Sie würden alle Strophen desselben, ohne die geringste Aenderung, dem orthodoxen und rechtgläubigen Publicum mittheilen? Ich will nicht hoffen, daß einige Furcht Sie davon abgehalten habe. Ist zwar unser Häuflein klein, so verzagen wir doch nicht, und wenn auch die böse Welt uns noch so sehr anfällt, so soll der Zwätzner Musenthron doch nicht wanken. Ich glaube vielmehr, daß dieses, mit Ihrer Erlaubniß, geistreiche Lied, nicht ganz zu Ihrer Notiz gekommen sey, und nehme mir daher die Freyheit, mit demselbigen unterdienstschuldigst aufzuwarten, nicht zweifelnde, Dieselben samt und sonders werden davon bey etwan vorfallender

Ge-

Dritter

Gelegenheit beliebigen Gebrauch machen.

Ein fein Lied
bey itzigen gefährlichen Zeitsdüften zu singen,
von der Wichmannischen Brüder-
schaft in Zwätzen.

Aus tiefer Noth schreyn wir zu dir,
Ach! höre unsre Klagen,
Dich, Crusius, verehren wir,
Und werden doch geschlagen;
Weil uns der Teufel und die Welt
Für ärmliche Scribenten hält,
Dem wollst du steur'n und wehren.

Sie drücken unser Häuflein klein
Mit schwerer Last behende:
Du nur kannst unser Retter seyn,
Sonst gehts mit uns zu Ende:
Denn unsre Feinde rüsten sich,
Uns zu verspotten jämmerlich
Mit höhnischen Gebährden.

An Wasserflüssen Pleißathen
Da hängen unsre Hefte;

Ach!

Ach! unser Unglück auszustehn
O Crusius gieb Kräfte!
Sie haben uns geschlagen wund,
Am ganzen Leib ist nichts gesund,
Als unser armer Magen.
　Ach! steh uns bey in unsrer Noth
Und laß uns nicht verderben.
Man raubt uns unsern Bissen Brod,
Auf daß wir sollen sterben.
Ach! gieb uns einen Labetrank,
Und nimm dafür den Lobgesang
Der durstigen Gemeinde.
　Erhalt uns auch bey deinem Wort
Und auch bey deinen Heften;
Und steure Klotz und Nikels Mord
Aus allen deinen Kräften,
Daß blühe unsre fromme Lahr
Von nun an ietzt und immerdar
Bis in die letzten Zeiten.
　Dann kommt das tausendjährge Reich
u. s. w.

Johannes Westermann.

Vierter

Vierter Brief.

Herr Klotz

an

die Verfasser der allgemeinen Bibliothek in Berlin.

Halle, am 11ten Dec. 1768.

Ehrbare,
Veste und Wohlgelahrte,
Respective Freunde, Gönner und
Collegen,

Vielleicht kennen Sie meine Hand nicht
mehr, da ich seit einigen Monaten
keinen Beytrag zu Ihrer, oder vielmehr,
unserer Bibliothek eingeschickt habe. Sie
wissen, ich schreibe so ziemlich hurtig,
und drey Alphabete in sechs Monaten
sind mir ein Kinderspiel. Zwar ist es

B   artig

artig genug, daß auch ich mich unter den
Nikolaiten befunden, und das Publi=
cum würde sich gewiß wundern, wenn
unsere Verbindung bekannter werden
sollte. Aber, was ist natürlicher zuge=
gangen, als dieses? Die Ducaten un=
sers werthen Directors blenden ja wohl
leute, die noch stoischer, als ich, denken.
Quis resistere potest tot armatis? Hier=
zu kam der innerliche Beruf, den ich von
Jugend auf gefühlt, zu recensiren. Wer
wollte nicht seinen natürlichen Trieben
folgen? Wir sind alle Menschen, brau=
chen alle Geld, haben auch, unserer Kri=
tik ohnbeschadet, manchmahl etwas Schul=
den. Ich trat mit Ihnen zusammen,
beschwor den Todesbund, und war einer
Ihrer treuesten Zunftgenossen. Für
diese und andere Dienste werden Sie
hoffentlich so billig seyn, mir eine ande=
re keine Gefälligkeit zu erzeigen. Ich
bin durch den letzten Theil Ihrer Bi=
bliothek in eine große Verlegenheit ver=
setzt

Vierter.

setzt worden. Die Augen sind mir über meiner Schwäche aufgegangen, und — wovon ich mir niemals hätte träumen lassen — ich habe eingesehn, daß ich es noch nicht weit in der lateinischen Sprache gebracht habe. Zwar haben mich einige Leute, denen man wohl trauen kann, und darunter auch der seel. Geßner, wenn Sie ihn kennen, von dem Gegentheile versichern wollen: allein vergebens. Nur Sie, Sie, meine Herren, sage ich, haben die ächte Latinität in Ihrer Gewalt. Nur Ihr Ausspruch kann in dieser Sache gelten; obgleich die böse Welt sagt, daß noch in den Declinationen und Coniugationen einige unauflößliche Geheimnisse für Sie wären. Sie können nicht glauben, welchen Eindruck Ihr Urtheil auf mich gemacht hat. Was denken Sie wohl? Ich will von forne wiederum anfangen, und mit meinem Donat in die Schule gehen — und bey wem glauben Sie wohl? —

bey niemand andern, als bey Ihnen. Herr Burmann in Amsterdam würde mir zwar diese Gefälligkeit auch nicht abschlagen, da er, wie es weltkundig, einer meiner besten Freunde ist. Allein, ich will doch lieber Ihnen das Verdienst gönnen, zum Nutzen des Staats, der Kirche, und der Allgemeinen Bibliothek, einen guten Lateiner gezogen zu haben. Es wird auf Sie ankommen, aus Ihrem Mittel einen Lehrmeister für mich auszusuchen. Darf ich mir aber die Freyheit nehmen, einen Vorschlag zu thun, so wünschte ich, daß Ihre Wahl entweder auf Herrn Grillo, oder Herrn Leßing fiele. Denn letzterer hat mir eben die Wohlthat erzeigt, und mir iüngst gesagt, daß ich nicht gut Latein schriebe; woraus denn zu folgen scheint, daß er es besser, als ich, schreibe. Hoffentlich wird auch dieses die kritische Edition des Phäders, die er unter Händen hat, beweisen. Ersterer ist in der Griechischen Sprache

Sprache so sehr erfahren, im Scapula so belesen, daß ich in die Tiefe seiner Gelehrsamkeit nicht hinab sehen kann, ohne den Schwindel zu bekommen. Damit Sie sich um desto williger finden lassen, meinem Gesuche Gnüge zu leisten; so erbiete ich mich, künftig alle Bücher, die zur Münzwissenschaft und zur Geschichte des Rechts gehören, unentgeldlich in die Allgemeine Bibliothek zu recensiren; ob es gleich mir wehe thut, daß ich darüber meine Louis d'or einbüssen soll, die mir mein Verleger giebt. Es ist doch auch so eine gute Sache! Wenigstens kann man einige Bouteillen Burgunder mehr trinken. Und leider! bin ich manchmal durstig. Es ist ein Naturfehler. Ich dächte, Sie nähmen den Vorschlag an.

Quid si prisca redit Venus
Diductosque iugo cogit aheneo?
Ich bin ꝛc.

Klotz.

Fünfter Brief.

Herr D. Georgi
in Wittenberg
und
Herr Superintendent Uhlich
in Bitterfeld
an
die Herrn Verfasser der Bibliothek
der elenden Scribenten.

HochEdle,
Wohlehrwürdige,
HochEdelgebohrne Herren,

Mit besonderem Leidwesen haben wir beyde Untezeichnete aus dem ersten Theile der sonst uns sehr gefälligen und mit herzlichen Freuden aufgenommenen Bibliothek der elenden Scribenten ersehen müssen, daß Dieselbe Ihre sonst
so

so deutliche Gerechtigkeitsliebe in Absicht auf uns nicht gezeigt, und uns nicht die Ehre angethan, unsere Namen unter die Ihrigen zu setzen, da wir doch wahrlich! keinem unserer Mitbrüder etwas nachgeben, er sey, wer er wolle. Mit ausnehmenden Vergnügen würden wir es auf uns genommen haben, das gemeinnützige Werk Ihrer Bibliothek auch durch unsere Pränumeration mit zu unterstützen, indem wir beyde theils von unsern in Gott ruhenden Vorfahren, theils von einem unbegreiflichen Ohngefähr so viel bekommen, daß uns die Pränumerationskosten doppelt zu entrichten gar nicht entgegen gewesen wäre, wenn Ew. ꝛc. ꝛc. nur beliebet hätten, uns von Ihrem löblichen Vorhaben in wenigen zu benachrichtigen. Es ist landeskündig, daß ich, der Doctor und Professor Georgi in Wittenberg, ein schönes Freygut unweit dieser alten orthodoxen Universität besitze, auch es ist kundig, daß ich, der Superintendent

tendent M. Uhlich vor zwey Jahren durch die unbegreifliche Gutthätigkeit des Sächsischen Mäcens mit einer Prämie von 25 Reichsthalern begnadiget worden bin, weil ich eine Schrift verfertiget, die in Ihrer Bibliothek verewiget werden muß, weil ich sonst nicht einsehe, wie sie der Vergänglichkeit entrissen werden könnte.

Ob übrigens unsere Schriften uns auf die Ehre, Mitglieder Ihrer ansehnlichen Gesellschaft zu werden, einen gerechten Anspruch verschaffen? ist eine Frage, auf deren Verneinung zugleich die Strafe stehen würde, für einen Unwissenden in der gelehrten Geschichte dieses Jahrhunderts angesehn zu werden. Meine, des D. Georgi, Bemühung, so lang ich habe schreiben können, ist gewesen, zu zeigen, daß das Neue Testament so schön Griechisch ist, als man in dem Demosthenes und allen Attischen Schriftstellern, die ich die Ehre habe par renommé zu kennen, immer finden kann. Und

wer

Fünfter.

wer weiß nicht, daß ich vor zwey Jahren, dem Verfasser des güldenen A B C, des *In dulci Iubilo*, des *Coeli rosa gratiosa* und den Verfassern ähnlicher geistreicher Lieder einen gleichen Dienst geleistet, und den Vorzug des Schönen und Körnichten in ihrem Stylo vor denen Verbesserungen gezeigt, welche die bösen Buben, Zollikofer, ein Calvinist, und Weisse, ein Cryptocalvinist, einzuflicken gedachten?

Was meine, des Superintendentens Uhlich Wenigkeit anlanget, so habe ich, da ich immer mit Ephoralibus und Denunciationibus zu thun, zwar nicht Gelegenheit gehabt, der Welt meine Fähigkeit mehr als durch eine Postille, durch geistliche liebliche Lieder und durch meine Unterweisung zu zeigen; ich habe aber dagegen Feind Klotzen weiblich angeschnarchet, da er in seinen vermaledeyten Zeitungen meinem Buche nicht Gerechtigkeit hatte wiederfahren lassen, und ihm zu unauslöschlicher Schande meine abgenöthigte Ehrenrettung auf meine eigene Kosten, wie mein ehemahls sehr werthgeschätzter und nun in dem Herrn entschlafener College Ziegra seine schwarzen Zeitungen, drucken lassen. Doch, was erwartete ich auch Gerechtigkeit von diesem Manne, der ein Erbfeind unserer Gesellschaft, ia, was noch mehr, ein Cryptocalvinist, ein Socinianer, Arminianer, und, Gott sey bey uns! ein Deiste ist? Von Ihnen, hochgeehrteste Herren, erwarten wir sie, und sind mit aller collegialischen Zuneigung und Ergebenheit

Ew. Ew. Ew. ꝛc.

D. GEORGI, Prof. theol. Ord. in Vniuerf. Wittenbergenfi.
M. VHLICH, Paſtor primar. et Superintendens Dioeceſeos Bitterfeldenſis, Wittenbergiſcher Inspection.

N. S.

N. S. Unser werthester College, Herr D. Wernsdorf, grüsset Sie insgesamt mit dem brüderlichen Gruß, und erkundigt sich, ob die Pränumeration auf den zweyten Theil richtig eingelaufen sey.

Sechster Brief.

Herr Antiquarius Lessing
an
seinen Bruder,
den Zeitungsschreiber in der Voßischen Buchhandlung in Berlin.

Hamburg, am 14ten December 1768.

Vielgeliebtester Herr Bruder,

Nicht so die Griechen, sagte ich zu weilen in meinem unsterblichen Laokoon; und itzt bin ich froh zu sagen: Nicht

Nicht so du, mein werthester Bruder, wie die Jenaischen, Hallischen, und andern Zeitungen und Journale. Wie, glaubst Du wohl, daß einem dabey zu Muthe werden muß, wenn man Spreu für Korn erhält, und taube Aehren für wallendes Getraide einerndet? Nicht wahr, mein liebster Bruder, die Welt wird itzt sehr undankbar, besonders Deutschland? Beschlossen ist es daher, meinem Vaterlande den Rücken zuzukehren, und zu den Italienischen Bewunderern zu gehn. Obschon aber die Italienische Sprache mir etwas bekannt ist, so schäme ich mich doch, im Ernste, nicht lateinisch genug zu verstehen, um daselbst genugsamen Succeß zu machen. Thue mir einen Gefallen, mein bester Bruder. Schreibe doch in aller verschwiegenen Stille nach Halle, ob sich nicht ein Student da finden liesse, der bey Klotzen Collegia gehört hat, und mich ein wenig im Lateinischen unterrichten

Sechster.

ten könnte. Aber, daß es ia Klotz nicht erfährt! Ich verspreche diesen Studenten, allemahl das gesetzte Geld von iedem Paroli zu geben; das macht oft viel; Du weißt ia wohl, was ich Dir von Breslau öfters erzählt habe. Ich verstehe die Coups; man fährt gewiß bey mir auf diese Art sehr gut. Verliehre ich etwan einen Tag hintereinander, so soll er sicher seyn, aus meiner Flasche zu trinken, gleicherweise von meinen Brosamen zu essen; und ich kann alsdenn für Verwirrung und Enthusiasmus zu fluchen ohnehin nicht eben essen noch trinken. — Besorge mir diesen Auftrag bald.

Für die brüderliche Recension in den Voßischen Zeitungen statte ich Dir den größten Dank ab. Allerdings wirst Du fortfahren in einer ähnlichen Enumeration meiner Talente. — Gegentheils raune ich Dir etwas ins Ohr; es ist nicht fein, daß Du in Kleinigkeiten Anlaß ß zu Höhnüngen geben willst. Du hast Cabriolen anstat Capriolen geschrieben. Der Gedanke schön! Der Ausdruck schlecht! Nicht so Dein Bruder Antiquarius! Schreibe nur Capriolen. Wärst Du nicht mein Bruder, und von dem ich sagen kann, was der denkende Herder: "Hier ist mehr als Bruder!" so würfe ich Dir einen Brief antiquatischen Inhalts gewiß an den Hals. Demnach, zugegeben von Dir, daß ich Recht habe, wollen wir lieber eine wechselseitige Nachsicht herrschen lassen, und die Fehler alle von beyden Seiten friedlich compensiren; so auch die Mahlerey und Poesie!

Sofern Du nur fortfährst, auf Deiner hudibrasischen Trompete zu blasen, wollen wir gewiß noch zuletzt über Feind Klotz siegen. Ich werbe hier auf dem Caffeehause täglich neue Streiter für meinen Zwist. Ein neuer, tüchtiger Recrute ist Herr Bode, mit dem ich gemeinschaftlich

meinschaftlich Bücher verlege, die em‐
pfindsamen Reisen, die antiquarischen
Briefe, den Ugolino u. s. w. Bald
folgen mehrere. Herr Bode war sonst
ein Querpfeiffer, itzt aber ist er ein em‐
pfindsamer Geist. — Ich will Dir
noch eine Anekdote schreiben, die Du un‐
serm lieben Getreuen Salv. Tit. Herrn
Nicolai itt erzählen must. Zuerst will
ich meine Feder abküpfen; dann gleich
fortfahren. —

Die Feder ist abgeküpfet. Vorge‐
stern war ich auf dem Cafferhause, und
gewann sehr viel. Zufrieden setzte ich
mich hin, und dankte meinem Glücke.
Hier fiel mir Feind Klotz ein; sogleich
ließ ich mir ein Paar Bouteillen Bur‐
gunder bringen, und machte mir Freun‐
de mit dem ungerechten Mammon. Hier
begeisterte mich auf einmahl mein Pe‐
gasus, und ich hob an, Gesundheiten in
Versen, und alles in Versen vorzubrin‐
gen. Du must mir einen Gefallen thun,

wenn

wenn Du Freund Ramlern sagst, daß
er diese Verse in den folgenden Theil
seiner Lieder der Deutschen setzen soll.—
    Der wie im Griech'schen Alphabet
    Digamma unter Männern steht,
    Mein Bruder Nicolaus soll leben!
Die Gesellschaft:
    Vivat, er soll leben!
    Nicht dieser Saft von den Burgunderreben
    Schmeckt so schön, wie sein Lob,
    Womit er neulich mich erhob!
    Vivat, er soll leben!
    Auch mein Brüderchen soll leben,
    Daß mich Zeitungen erheben.
    Vivat, er soll leben!
    Nicht so schön sind drey Parolis,
    Und zehn Taroccs selbst mit den Skis,
    Als wenn mich Leßing kann erheben!
    Vivat, er soll leben!
    Ist unser Schwarm nicht stark genug,
    So soll noch einst beym vollen Krug
    Uns Zwätzens Irrstern schützen,
    Und muthig von dem schwarzen Thron
    Held Wichmann und Held Zigra's Sohn
    Auf unsre Feinde blitzen.
    Vivant, die Dich erheben!
    Sie sollen alle leben!

Sechster.

Geh Bode, und setze noch einmahl für mich,
Auf Damen und Buben und Achte für mich,
Gewinn ich die Blätter, dann schreib ich
        drauf los
Noch antiquarischer Briefe zehn Stoß.
    Vivas, daß Du magst gewinnen!
Marqueur! Du mußt noch zwey Bouteillen bringen.
   Dann leb das ganze Caffeehaus,
   Und noch einmahl mein Nikolaus!

Ich habe Dir also verschiedenes geschrieben. Genug für einmahl! Ich schreibe auch sonst wohl noch mehr: allein, ich bin eben itzt im Begriff, einen Brief an den **Pabst** zu schreiben, daß ich meine antiquarischen Briefe und andere Verlagsbücher, ohne Accise zu geben, kann mitbringen, denn sonst verlöhre ich zu viel dabey, da ich noch so viel übrig habe. Ob ich katholisch werden werde, weiß ich noch nicht. Gestern hat Bode zehn Parolis verlohren. Das verfluchte Malheur! Heute bin ich bey Herrn Senior Götzen zu Tische gebeten.

ten. Ich soll mit aller Gewalt Canonicus minor werden an des seel. Ziegra Stelle. Seinen Sohn mag man nicht. Italien, Italien allein hält mich davon ab. Künftig mehr; liebe mich. Ich bin

Dein Bruder Antiquarius.

Siebenter Brief.

Herr Friedrich Nikolai
unter der Stechbahn,
an
den Sohn des seel. Ziegra,
weyland berühmten Schreiber der
schwarzen Zeitung.

Berlin, am 1sten Novemb.
1768.

HochEdler,
Hochgeneigter Herr Patron und Gönner,

Er ist uns entrissen, ich sage es noch einmahl: Er ist uns entrissen, Ihr geliebter

Siebenter.

liebter Papa, an dem ich mich auch mit andern Kindern des Satans entsetzlich versündiget habe. Nur Sie, mein würdiger Sohn des verblichenen Ziegra, nur Sie sind mein einziger Trost bey den Gewissensbeklemmungen, die ich über iede Veranlassung zur Sünde gegen ihn, über ieden Zusammenhang der Umstände, die mich dazu verleiteten, empfinde.

Ich bin entschlossen, öffentlich bey der Welt Abbitte zu thun, und ich versichere Sie hierdurch, daß ich eben im Begriff bin, ein Ehrengedächtniß Herrn Ziegra zu stiften. Ich werde mir eben die Mühe geben, eben die Kunst anwenden, eben die Maximen und Lobsprüche anbringen, die ich über die Asche des Herrn Abbt verbreitete.

Er ist uns entrissen — der durch die schwarzen Zeitungen, Früchte seines Genies! mir bekannt ward, mit dem ich in künftigen glücklichen Monaten die unzertrennlichste Freundschaft geknüpft hätte, te, dessen Beyspiel mich ermuntert, dessen Eifer mich angefrischt, dessen Briefwechsel mich unterrichtet, dessen Traurigkeit mir die reinste Wollust gewähret hätte! — Er ist uns entrissen — was sage ich? Er ist Hamburg entrissen, dem apostolischen Stuhle — allen herzglaubigen Frommen.

Sie sehen, wie betrübt ich bin, und einen solchen Affect ohngefähr werde ich durch das ganze Ehrengedächtniß herrschen lassen.

Lassen Sie uns gute Freunde seyn, und erzeigen mir, mein werthester Herr Sohn des verblichenen Herrn Ziegra, den Gefallen, mir einige Beyträge zu diesem künftigen Ehrengedächtniß zu liefern.

Vor allen andern bitte ich um eine gewisse Nachricht von den Vornamen seiner Voreltern seit undenklicher Zeit, und besonders, welchen Vornamen sein Großvater geführt. Haben Sie gelesen, wie

ich

Siebenter.

ich dadurch das Ehrengedächtniß von Herrn Abbten so sehr verschönert habe?

Was ist denn der Vater des Seeligen gewesen? Ein Perrükenmacher? oder ein Kesselflicker? oder ein Tambour? oder ein Mauerkehrer? oder was sonst? Was er auch gewesen sey, will ich beweisen, daß er eine Kunst getrieben, die für seine Gemüthsgaben zu gering war, als der einen so großen Sohn erzeugen konnte. Lebt denn seine Mutter noch? Der Titel einer ehrwürdigen Matrone soll ihr nicht entgehen, und wenn sie auch eines Perrückenmachers Wittwe wäre.

Ein Umstand, der nicht geringfügig ist, wird auch der seyn, in welche Classe er gesetzt würde, als er in die Schule kam, und wie alt er und seine Mitschüler waren. Daraus kann ich sein großes Genie herleiten. Das Testimonium, welches ihm sein Rector gab, als er die Schule verließ, müssen Sie mir nothwendig

wendig mitschicken, sonst fehlt meiner Biographie eine der interessantesten Urkunden.

Hat Ihr Herr Papa nicht etwan den Plan seiner Universitätsstudien einigemahl geändert? Das wäre so etwas für mich. Ich habe würklich gehört, daß er zuerst hat ein Barbier werden wollen, weil er sich aber einigemahl mit dem Messer in die Finger geschnitten hatte, auf einmal ein Chirurgus geworden sey, hierauf ein Apotheker, wo er aber den Leuten beständig zu viel zu purgiren gegeben und das Hünerdarmwasser als eine Universalmedicin angepriesen habe, alsdann wegen dieser und anderer losen Händel verklagt, sich unter die Soldaten begeben und würklich Hofnung gehabt habe, von der Trommel weiter zu avanciren, wenn ihn nicht der HochwohlEhrwürdige Herr Götze zum Studio theologico ermuntert hätte, worinnen er sich dann bis zum schwarzen Zeitungsschreiber

Siebenter.

ber geschwungen. Sind diese Nachrichten alle gegründet, welch ein Feld für seinen Biographen, Ihren Freund, Friedrich Nikolai!

Nun dann, mein werthester Herr, für Maximen, Sentenzen, Ausschweifungen und liebliche Balsamgewürze lassen Sie mich sorgen. Das vornehmste hätte ich doch bald vergessen. Wie war die Statur des seel. Ziegra? Nicht wahr, ganz klein, mit dicken rothen Augen, ohne Augbraunen, einer großen eingebogenen Nase, eingefallenen Backen und aufgeworfenen Lippen?

Darf ich noch um etwas bitten, so fahren Sie fort in die Fußtapfen Ihres seel. Herrn Papa zu treten, und wie ich auch gehört habe, daß Sie es thun, die Stelle eines Nachrichters in Hamburg durch Ihre würdige Person zu ersetzen. Ich empfehle meine Bibliothek. Bald kann ich mich für ihren Feinden nicht mehr schützen. Nehmen Sie sich meiner an, bester Herr Ziegra, nehmen Sie sich meiner an.

Ach er ist todt! Hamburg erschallt von Klagen. Der Hohepriester Götze weint über den entseelten Leichnam; seine Freunde, sein Sohn, seine Geliebte, ich selbst — sind ausser uns. Umsonst! Er ist nicht mehr. — Ich kann für Schmerz kein Wort mehr schreiben, und bin

Deroselben

reuerfüllter Sünder

Friedrich Nikolai,

Buchhändler unter der Stechbahn.

Achter

Achter Brief.

Herr Ernesti der Jüngere
an
Herrn Blasche,
berühmten Philologen in Jena.

Leipzig, am 20ten Nov.
1768.

HochEdelgebohrner,
Hochgelahrter,
Hochgeehrtester Herr und Gönner,

Ihre großen Talente, die ich, seit der Zeit ich angefangen habe, die Historie des menschlichen Ingenii zu studieren, als sehr bemerkenswerth habe kennen gelernt, sind die Ursache, daß ich mich in einer großen dringenden Noth an Sie, mein Werthester, wende. Ich bin im Begrif, die Helfte meines verewigten Vetters über den Livium abzuschreiben, sie unter den Text des Livii zu setzen, und auf diese Art einen unsterblichen Namen mir zu machen. Nun aber kenne ich die listigen Anfälle der bösen Criticorum, und fürchte, ohne Ihre Hülfe, mein Werthester, in verschiedenen Zeitungen recht garstig wegzukommen. Ich weiß, Sie sind der größte Satiricus, wie ich vor einigen Tagen aufs neue von einem Auditore von Dero Weisheit bin versichert worden. Wollen Sie nicht, o großer Maecenas! mir zu meinem Livio eine satirische Vorrede machen? O ja! Sic itur ad astra! Machen Sie sie aber ja recht cum felle, wie Suetonius sagt, und vertheidigen meine Historiam ingenii humani. Ihr vortreffliches Latein, welches das meinige weit übertrifft, macht die Leser begierig, und mich beym Volke beliebt. Der Inhalt Ihrer lesenswürdigen Vorrede müßte ohngefähr von den Verdiensten des Livii um die

Satire

Satire handeln, z. E. wenn er sagt, die Gänse im Capitolio hätten die Soldaten erweckt, so könnten Sie zeigen, wie dieses augenscheinlich eine Satire seyn müßte, und die Jenaischen Zeitungen citiren. Ingleichen will ich es mir recht sehr ausbitten, daß Sie mir nach Dero Huld, ein Diploma von der Erlauchten Deutschen Gesellschaft verschaffen möchten; als wodurch ich Gelegenheit zu bekommen hoffe, mich im Deutschen so zu üben, daß ich auch einen Liuium mit deutschen Noten herausgeben kann. Nicht wahr, dies wäre das allerbeste? Gut, der Einfall ist etwas werth. Ich will, es bleibt dabey, meinen Liuium mit Deutschen-Noten versehn, und Sie machen dennoch die Vorrede. Das latein geht mir ohnehin nicht recht vom Munde, so viel Schläge mir auch mein Altvetter darüber gegeben hat. Noch eins! Schreiben Sie doch an diesen meinen Vetter, daß er fernerhin mich nicht mehr

Er

Er nennt. Ich bin doch Professor, und habe eine Historiam ingenii humani geschrieben. Satirisiren Sie doch etwas darüber. Sic viuamus nos Satirici! Ich bin der geflissentlichsten Hochachtung ꝛc.

Neunter Brief.

Se. Hochwürden der Herr Doctor und Professor primarius Theologiae propheticae
Crusius
an
den Herrn Geheimen Rath Klotz.

Leipzig, am 31sten Jun. 1768.

HochEdler,
Hochgeehrtester Herr Geheimer Rath,
Gott zum Gruß!

Nachdem ich schon lange mit Wehmuth angesehen habe, wie alle Ihre
Grund-

Neunter.

Grundtriebe, alle viere, und noch mehrere im äussersten Grade verderbt sind, und nun aus einer bisher noch dunkel gewesenen Stelle der Offenbahrung Johannis bin überzeugt worden, daß Ihnen noch zu helfen steht, wenn Sie nur wollen; also übersende Ihnen beygelegten Auszug aus meinen Hypomnematibus ad theologiam propheticam, welchen Sie, wie Johannes das Büchlein, sogleich verschlucken sollen; und wenn es Sie im Bauche krimmt, gewiß glauben können, daß Sie aus einem Bösewicht ein frommer Cristaner werden werden. Damit Sie desto mehr Zuversicht bekommen, muß ich Ihnen melden, wie neulich ein treuer Erweckter von mir gründlich dargethan hat, daß ich einer von den zweyen Zeugen sey, von denen im eilften Capitel der Offenbahrung geweissagt worden ist. Nur glauben Sie nicht, daß Ernesti der zweyte Zeuge sey. Das ist nicht wahr; wie ich in meiner

meiner Metaphysik bey einer künftigen Ausgabe noch deutlicher zeigen werde. Mein halberfahrner Schüler hat nur die Hälfte der Weissagung aufgelöst, und D. Ernesti kann nicht einmahl prophezeyhen, zu geschweigen, daß er also der zweyte Zeuge seyn könne. Nein, bis itzt bin ich nur nur noch einer von den zween Oelbäumen, von den zwo Fackeln, stehend vor dem Gott der Erden. Trauen Sie mir also allein, und lassen sich durch mein Zeugniß über Sie noch erwecken, ehe die sieben Engel anfangen zu posaunen, und das zweyte Wehe schnelle kommt. Dann ergreift es Sie, wie ein Riese, und die Angst wie ein gewapneter Mann.

Und mich ergreift itzt der heilige Eifer, und ich weissage Ihnen Vergebung und Trost. Gehen Sie aber hin, und bekehren die Heiden in Amerika; und mein Geist soll auf Ihnen doppelt ruhen. Ich gebe Ihnen meinen Mantel, wie Elias

Neunter.

Elias dem Elisa that, als er aufgenommen ward in die Höhe. Denn der Geist des Widerspruchs und der Bosheit ist gefahren in meinen Jünger Friedrich Schmidt, und er hat verlassen die Wege nach Amerika, und wieder gesandt meinen Mantel, gegeben zum heiligen Trost. Und ich habe gehabt seit dem zweymahl große Kopfschmerzen, und bin wieder genesen, und danke Ihnen, wenn Sie dem Rufe folgen, und segne Sie mit meinem apokalyptischen Seegen. Auch erhalten Sie zum Siegel und Stärke im Amte das apokalyptische Thier, als eine Titelvignette auf alles, was Sie schreiben, gestiefelt und gespörnt, zu treiben das Werk des Hohenpriesters Crusius. Und Sie sollen verlassen den Koth der Heiden, und die Pfützen der Musen, die auf großen Wassern sitzen und die babylonische Hure sind; Denn so wahr Paulus ein Apostel ist, so wahr sind Musensöhne Teufelssöhne! Und ich gebe Ihnen

nen noch Zeit 120 Tage, wie Jonas denen zu Ninive gab, und ich lege Ihnen nochmahls vor, Leben oder Tod, Himmel oder Hölle zu wählen, was Ihnen gut dünkt. — Sie aber kehren sich von Ihrem bösen Wesen, zu thun, was recht ist, und erwarten dafür von mir, dem Hohenpriester Crusius einen goldenen Stuhl im dritten Himmel; dann werden wir miteinander das Gratias singen, und blasen mit Trommeten. — Noch ist Erbarmung da, die ich Ihnen verkündige; aber nach 120 Tagen verschliesse ich Ihnen den dritten und zweyten und ersten Himmel. Darum so merken Sie auf, und schwören die Treue eines Jüngers dem hohenpriesterlichen Zeugen; und ich ertheile Ihnen nochmahls den apokalyptischen Gruß und bin ꝛc.

Zehnter

Zehnter Brief.

Franz, Baron von Ehrenhausen
an
den Grafen von Chatham.

Leipzig am 12ten December 1768.

Hochedelgestrenger
Hochgelahrter Herr Graf,

Eure Gräfliche Eminenz belieben sich nicht zu wundern, daß ein Mensch an Sie schreibt, von dem Sie vielleicht noch nichts gehört haben, der aber auf alle Weise verdient, Ihnen näher bekannt zu werden. Meine kurzsichtigen und undankbaren Landsleute, die Deutschen, wissen leider! meine Verdienste nicht zu schätzen; ich wende mich also an Eure Gräfliche Eminenz, als einen einsichtsvollen und großmüthigen Britten.

D Der

Der Himmel hat mich mit so vielen und mannigfaltigen Fähigkeiten begabt, daß Leipzig und Sachsen viel zu enge sind, meine Größe zu fassen. Denn ich kann, wenn nicht der Gedanke zu schmeichelhaft für mich ist, sagen, daß ich mit einem Baume zu vergleichen sey, auf welchem unterschiedene Pfropfreiser stehen, die verschiedene Früchte tragen können. Ueberhaupt aber habe ich, wie mir dünkt, mit Ihnen viele Aehnlichkeit. Sie sind ein Gelehrter: ich auch. Sie sind ein Staatsmann: ich auch. Sie sind ein Redner: ich auch. Sie sind kein Bürgerlicher: ich, Gott lob! auch nicht mehr. Damit Sie diese Parallele besser verstehen mögen, so will ich Ihnen meine vornehmsten Lebensumstände getreu erzählen.

Ich war viele Jahre hintereinander nichts, als Philosophiae Doctor et liberalium Artium Magister, und ein Mitglied

Zehnter.

glied der hiesigen philobiblischen Gesellschaft. Vorlesungen konnte ich nicht halten: denn mein Vortrag war den Studenten zu hoch, meine Gedanken waren für ihre stumpfen Köpfe zu abstract, zu erhaben. Was war zu thun? Ich wandte meine ganze Zeit, in der ich freylich kümmerlich leben mußte, auf die Politur meiner Talente; ich sammlete mir mancherley Kenntnisse, und machte mich bereit, Minister an dem Dresdner Hofe zu werden. Zu dem Ende schrieb ich außer andern Tractätgen eines, das von der genauen Uebereinstimmung geschickter Lehrer in öffentlichen Schulen mit den größten Staatsmännern handelt. Ich glaubte schon, dem Glück im Schooße zu sitzen, indem ich, nach dem Vermögen, das mir die göttliche Vorsehung dargereichet hat, alles hineingebracht, was ich bey vielen Nachtwachen über die Staatsklugheit gedacht hatte. Lauter neue Bemerkungen!

gen! Mein Buch strotzt gleichsam von Weisheit. Da spreche ich von Manufacturen, von Maulbeerbäumen und Seidenwürmern, von Handwerkern, von den Zöllen, von Korporalen und Kriegsexercitien, und von tausend andern Dingen. Aber, ach, daß es Gott erbarme! mein Buch wurde gleichsam als wenn es nicht nach dem Conventionsfuß geprägt wäre, verworfen; man sahe es als verrufene oder falsche Münze an. Dies bewog mich, Rache von meinen einfältigen Landsleuten zu nehmen. Ich ließ mich Ihnen auf einmahl von einer erhabenen Seite sehen. Ich machte mich, weil mich meine Einsichten dazu berechtigten, zum Baron von Ehrenhausen, und schilderte Leipzig nach der Moral. Nun können Eure Gräfliche Eminenz leicht erachten, daß man mich noch weniger, als vorher, zu Staatsbedienungen ziehen wird. Ich wende mich also an Hochdieselben, mit unter-

Zehnter.

unterthänigster Bitte, mich an Dero Stelle zum Siegelbewahrer von Großbritannien vorzuschlagen. Meine Schriften, die ich beylege, werden am besten für mich sprechen, und Sie sogleich von meiner Geschicklichkeit und von meinem Ingenio kräftiglich überzeugen. Schikken Sie mir aber das Patent ia bald zu, und, wenn ich bitten darf, franco tour; denn ich habe kaum noch auf drey Wochen zu leben. Als ein Reisegeld werden Sie mir ohne Schwierigkeit 600 Pf. Sterling mitschicken, damit ich einen meinem Stande gemässen Einzug in London halten kann. Noch eins! Ich habe letzthin in den Zeitungen viel Gutes von Dero Mademoiselle Tochter gelesen. Sie soll, wie ich daraus gesehen, nicht allein ein schönes sondern auch ein sehr gelahrtes Frauenzimmer seyn. Ich bin noch zur Zeit unverehelichet, und habe, ohne Ruhm zu melden, gute körperliche Eigenschaften. Wie wäre es also, mein
werther

werther Herr Graf, wenn Sie mich zu Ihrem Schwiegersohn machten? Ihre Tugendpflanze soll viele Sprachen verstehen, und vermuthlich auch die deutsche. Wenn Sie mich bey ihr beliebt gemacht haben, so lassen Sie sie doch zum Unterpfand und Beweiß ihrer Liebe gegen mich meinen Staatstractat ins Englische übersetzen. Es könte dies zugleich Gelegenheit geben, daß er in Ihren Journalen vortheilhaft recensiret würde, und ich also auch dadurch schon einiges Ansehen in England bekäme. Thun Sie es doch ja, mein lieber Graf. Ich brenne für Begierde Sie zu sehen, Ihre liebwertheste Fräulein Tochter zu umarmen, und das große Siegel in Empfang zu nehmen. Ich empfehle mich Ihnen und meiner lieben Miß Pitt auf das nachdrücklichste, und bin mit der tiefsten Ehrerbietung

Eurer Gräflichen Eminenz,

unterthäniger
Franz, Baron von Ehrenhausen.

Eilfter

Eilfter Brief.

Herr Adiunctus Grosch
in Jena
an
Herrn Nicolai in Berlin.

Jena, am 27ten October 1768.

Hoch- Ehr- Sitt- und Tugendbelobter
Hochgelahrter Herr Buchhändler
unter der Stechbahn,
Preiswürdigster Mäcenas!

Ich habe vielleicht das hohe Glück nicht, Denenselben bekannt genug zu seyn. Ich bin der Herr Adiunctus Grosch, welcher alle halbe Jahre die erste Stunde seiner Collegiorum reichlich besetzt hat, und diese auch so gut zu nutzen weiß, daß man von dieser einzigen Stunde allein nachher mehr spricht, als von allen Stunden der Herrn Professoren zusammen genommen. Da sage ich dann: Herein Herr Daries! was wollen Sie mit Ihrer Philosophie? — Unter den Tisch! geschwind unter den Tisch! So lasse ich alle Philosophen die Musterung paßiren. Dann sage ich: Komm doch auch du herein, Herr Adiunctus Grosch! und dieser behält den Platz. Hieraus können Dieselben meine Figuren im Reden und Denken erkennen. Ausserdem habe ich ein Buch über die Satyre, hergeleitet aus ihren ersten Quellen, geschrieben, wo ich ganz ein Lustigmacher gewesen bin; und dieses Buch habe ich dem Herrn Jesus Christus, als dem grösten Satyriker, dediciret. Nachher habe ich eine Logicam probabilium geschrieben, wo das Latein sowohl als die Sachen unvergleichlich sind, und selbst nach Ihrem werthesten Urtheile so werden seyn müssen, weil sie Ihr und mein Feind Klotz in seinen verdammten Actis litterariis abscheulich zum Narren gehabt hat.

Eilfter.

hat. Sie sehen daraus, preiswürdigster Mäcen, daß wir einerley Feind haben. Nun aber habe ich gehört, daß es Ihrer vortreflichen Bibliothek an Mitarbeitern fehlen soll. Ich biete Ihnen dahero alle meine Kräfte, meine Feder, Dinte und Papier an. Ich will die Recensionen recht lustig machen. Den Ton der Recensionen gegen Herrn Klozzen getraue ich mir am besten zu treffen. Wollen Sie mir nicht ein Buch von ihm zu recensiren schicken? Ueberhaupt urtheilen viele, daß ich mich für Ihre Quartalschrift recht gut paßte. Ich lege Ihnen zwey Exemplaria von meiner Logica probabilium bey, und vier Groschen Portogeld, weil ich denke, der Brief kommt gewisser an, wenn ich nicht frankire. Ich küsse Ihre Schuhe, und bin

Deroselben
  treugehorsamster Freund und Diener
    Grosch.
 N. S.

N. S. Ich verspreche Ihnen, für meine Recensionen nicht mehr zu verlangen, als 18 Groschen für ieden Bogen. So viel habe ich für meine Logicam Probabilium bekommen. Aber, daß ich sie nur gewiß bekomme! Meine Krautländer ernähren mich nicht mehr. Ich höre, Sie sollen das Honorarium sehr schlecht abtragen. Mich müssen Sie bezahlen.

Zwölfter Brief.

Herr D. Baier in Nürnberg an Herrn M. Leßing, Senior, in Hamburg.

Nürnberg, am 2ten Novemb. 1768.

Hochedelgestrenger Herr,
Hochgelahrter Herr Magister,

Ew. Hochedelgestrengen können gar nicht glauben, mit was sonderlichem Wohl-

Zwölfter.

Wohlgefallen, und höchlichen Contentement Deroselben Briefe antiquarischen Innhalts durchgelesen habe. Seit dem tödtlichen Hintritt meiner in Gott ruhenden Hausehre erinnere mich nicht, so einen fröhlichen Tag gehabt zu haben, ohngeachtet dieser Todesfall eine merkliche Erleichterung meiner schweren Haushaltung war, Ihre Briefe hingegen mich erstlich zwanzig Batzen kosten, ich auch sodann in feruore primo legendi drey einträgliche Patientenbesuche verabsäumte. Jedoch alles dieses verschmerze gar gerne aus Freude, daß **Ew. Hochedelgestrengen** dem ehr- und tugendvergessenen Klotz zu Halle darinnen so manchen derben Streich versetzt, und sein Buch von den alten geschnittenen Steinen so treflich ausgehunzet haben. Ich bin, die Wahrheit zu sagen, diesem Manne iederzeit spinnenfeind gewesen. Pro primo, hat er ohnverantwortlicher Weise die lateinischen Pasquille des Lotterbuben

buben, Herels, nunmehro, leyder! Professoris zu Erfurt, auf alle Weise herauszustreichen sich nicht entblödet, welche doch, wegen ihres giftigen Innhaltes, sogleich durch die väterliche Vorsorge des ältern und jüngern Herrn Bürgermeisters Hoch- und Wohlgebohrnen Herrlichkeit, Herrlichkeit, unter Vortretung zweyer Stadtknechte in der Farbe, in allen hiesigen Buchläden confiscirt, und unter harter Pön iedem gehorsamen Bürger zu kaufen und verkaufen verboten worden sind. Pro secundo, hat er sich gegen meines lieben Herrn Schwager Munkers, Rectoris Sebaldini, Merkwürdige Alterthümer, als einen heimtückischen und naseweisen Splitterrichter bewiesen, und dieses nutzbare Werklein, welches doch hiesiger gemeiner Stadt, und ihrem Geschmacke in Bildung der lieben Schuljugend wahre Ehre bringt, jämmerlich herunter gemacht. Doch würde noch zu allem diesem Unfuge stille ge-

Zwölfter.

geschwiegen haben, wenn er pro tertio et vltimo freventlicher Weise nicht so weit gegangen wäre, sich als ein grober Kloz, qui nomen & omen habet, in der Asche meines lieben seeligen Vaters herumzuwälzen, und ihme verschiedene Fehler aufzumutzen, die er in Beschreibung der Ebermeyerischen Steinsammlung begangen haben soll. Hier überfiel mich ein iustus dolor, wie meine Patienten der Steckfluß; ich setzte mich also hin, und schrieb flugs beyliegenden Bogen, dem höllischen Lästermaule zum Trotze. Ich will mich nicht selber loben, denn propria laus sordet, aber wie man sieht, so kan er auf meine bündige argumenta auch nicht ein Wörtlein zu Markte bringen. Ich will ihn lehren, so einen Ehrenmann, wie mein lieber seeliger Vater, in der Grube zu beschimpfen. De mortuis nil nisi bene. Weiß der große Lateiner diese Sentenz nicht? Der Mammelucke Winkelmann, hatte gleichfalls von diesem

ſem herrlichen Werke, und väterlicher Beſchreibung deſſelben ſchimpflich geurtheilet, aber was nahm er nicht für ein jämmerliches Ende? Wer weis, was Klotzen noch bevorſteht, ob er nicht auch einmahl e. g. durch einen vergifteten Brief hingerichtet wird, wie die Gemahlin des Ugolino vom Biſchoff Ruggiero, welches aus dem nachdenklichen Trauerſpiele Herrn von Gerſtenbergs erſehen habe? Sonſt verkaufe zwar das Exemplar meiner Widerlegung, welche, wie alle meine Schriften, ſelbſt verlegt habe, zur Erwerbung eines honetten Profits, à drey Kreuzer; allein Ew. Hochedelgeſtrengen will hiermit 6 Stücke ohnentgeldlich verehret haben, der Hoffnung lebend, Ew. Hochedelgeſtrengen werden hiervon eine vortheilhafte Recenſion in die Dumpfiſche Zeitung einrücken, oder auch wohl ganz und gar in Dero ſchierkünftigen Muſeo der Deutſchen abdrucken laſſen. Wenn Ew. Hoch-

Zwölfter.

Hochedelgestrengen, wie verlauten will, künftiges Frühjahr, geliebts Gott, nach Rom reisen, um statuam Laocoontis in genauern Augenschein zu nehmen, und vermuthlich Ihren Weg über Nürnberg nehmen, so bitte, daß Ew. Hochedelgestrengen ia bey mir absteigen, und ein paar Tage mit meinem geringen Tractamente vorlieb nehmen. Wir wollen Blotzen bey einem guten Gläßlein Frankenwein sollenniter periren lassen. Nescio quod certe est, quod me Tibi temperat astrum. Doch Sie haben ia selbst ehehin Medicinam studirt, und sind also mein halber Herr Amtsbruder. Wer weis, ob Sie sich nicht entschliessen, in transcursu auf der Wohllöbl. Universität Altorf den Gradum Doctoris a Gratiosa Facultate Medica anzunehmen, um allenfalls die Stelle eines Leibarztes bey Sr. Eminenz, dem Herrn Cardinal Albani begleiten zu können. Weil eben einige Historias morbi verschiedener diese Woche

Woche unter meiner Cur verstorbnen Patienten zu verfertigen habe, so muß für diesesmahl wider Willen schliessen. Der ich mit aller schuldigen Hochachtung verharre

  Ew. Hochedelgestrengen
    dienstschuldiger Diener
   Ferdinand Jacob Baier, Johann Jacobs Sohn,
    Medicinae Doctor & Physicus ordinarius.

Dreyzehnter Brief.

Herr M. Teller in Zeitz
an
Herrn D. Hofmann in Wittenberg.

    Zeitz, am 6ten Novemb.
    1768.

Hochwürdiger,
 Insonders hochzuehrender Herr Generalsuperintendent,

Eurer Magnificenz muß ich mit gebeugtem Herzen das Unrecht klagen, welches

Dreyzehnter.

ches mir einige heterodoxe Sünder erwiesen, da sie mich, der ich durch in die Augen fallende Beweise meine Orthodoxie mehr als rechtsbeständig dargethan, unter die Zahl der elenden Scribenten, und noch dazu als einen der ersten Pränumeranten gesetzet haben. Da Eure Magnificenz das Glück gehabt, daß besagten Höllenbränden bey Verfertigung ihrer Schandbibliothek Dero verehrungswürdiger orthodoxer Name nicht eingefallen; so zweifle ich nicht, daß Dieselben Ihre Protection allen denen werden angedeihen lassen, welche in die Hände dieser Mörder aller barmherzigen Scribenten gerathen sind; und ich trage kein Bedenken, zu glauben, daß ich auf diesen Schutz desto gegründetern Anspruch machen könne, da von dem verstorbenen König in Dännemark an, dem ich ein Werklein dedicirt, worauf ich keine Antwort noch Belohnung erhalten, bis auf den Verleger meiner Casualpredigten und

E mora-

moralischen Beylage iedermann weiß, daß ich erzorthodox und also im eigentlichem Verstande Wittenbergisch gesinnt sey. Ich schmeichle mir überdies, daß ich wegen einer andern kleinen persönlichen Eigenschaft mich Ihres vielvermögenden Beystandes getrösten kann. Ich habe mir nämlich den Wittenbergischen Ton im Declamiren so zum Muster vorgestellt, daß alle meine Pfarrkinder zu St. Stephan eben so gut wissen, mein Bruder sey ein Ketzer, als es Ihre lieben Bürger wissen, wer der alte Komödiant in der Schweitz, und der philosophische Luftspringer an der Niederelbe sey, da Sie sich dieser Ausdrücke oft an heiliger Stätte zu bedienen pflegen. Sie, hochwürdiger Herr, haben keines Bundesverwandten nöthig, sonst wollte ich Ihnen meine wenigen Dienste wohl anbieten, von denen ieder keinen widrigen Begrif haben muß, der die Freymüthigkeit kennet, mit wel-

cher

Dreyzehnter.

cher ich den Leipziger, Hallischen, Erlanger und Jenaischen Zeitungsschreibern Wahrheiten gesagt habe, die nicht alle zu sagen das Herz haben, die für elende Scribenten ausgeschrieen werden.

Die eigentliche Bitte, die ich an Eure Magnificenz zu thun mich erkühne, ist diese, daß Dieselben auf künftige Ostern nomine Rectoris ein Programma schreiben lassen, in welchem erwiesen wird, daß der Verfasser der Bibliothek elender Scribenten ein Bösewicht sey, der neben dem Satanas Sitz und Stimme hat, und daß dieser keine Vergebung zu hoffen, vielmehr zu gewarten habe, mit Leib und Seele bald zu brennen. Könnten Eure Magnificenz dieses Geschäfte den verdienten Herren D. Georgi oder Wernsdorf auftragen, so würde es die Welt desto unpartheyischer finden, da diese verehrungswürdigen Männer, die so schöne halbdeutsche und halblateinische Programmata schreiben können, nicht in

E 2   der

der von dem Satanas ausgebrüteten Bibliothek stehen. Daß dieses der eigentliche Begriff sey, den man sich von dieser Bibliothek zu machen hat, will ich in meinem andern Specimine super causarum inuentione so deutlich darthun, daß man es mit Händen greifen soll. Schlüßlich empfehle ich mich Eurer Magnificenz zu beharrlichen Wohlwollen, und bin

Dero

devotester Diener

Johann Friedrich Teller,
Past. zu St. Stephan in Zeitz.

Vierzehnter Brief.

Herr Doctor Reiske

an

seinen Recensenten

in der Hallischen Deutschen Bibliothek.

Reiske entbietet dem Recensenten seinen Gruß.

Leipzig, am 24ten Dec. 1768.

Ein unbescheidener Manne sind Sie, und ich will sie behelligen, daß Sie meine zum Besten des allgemeinen Wesens übernommene Arbeit, Plack und Strapazen anfeinden, und mich freventlich haben anranzen wollen; und mich feindselig angetastet, und mit Scheltreden mein Herz gekitzelt haben. Ein Unhold

hold sind Sie, und Ihr Maul geht Ihnen wie eine Breche. Und doch nie, nie werden Sie, wenn Sie sich auch gleich zu todte schrieen, Ihre gegen mich in Ihrer Recension betriebenen Schelmstücke austilgen und wegspülen: nie werden Sie ihre heßlichen Mackeln auswaschen. Es haben schon andere, auch die Berliner Lotterbuben, ihren Pißpott über mich ausgeschüttet, aber Sie haben zuletzt noch eine so grobe und arge Antastung hinzugefügt, daß Sie dem Fasse vollends den Boden ausstossen. — Aber schon gut, einen Dingtag will ich Ihnen an den Hals werfen.

Ach omnes dii et deae! mit Gottschlingen mich zu vergleichen. Je, du Lotterbube! Du freischlicher Krackeler! Du will ich dich nennen, denn Du verdienst nicht, daß man Dich Siezet. Warte nur, Du bist ein Steifpfal, ein Itiphalus, wie ich es erklärt habe, weil Du mich

Vierzehnter.

mich so angeranzet hast, wie die Iciphali
einstmals die Weibstücke anranzten.
Du hast mir die Ohren gekrazt, mein
Herz zerrizt und meinen ganzen Wider-
willen gegen Dich empört. Aber Du
bist eine Selbstöhlbulle, und gehörst zu
der Pursa, von der Feind Kloß der ober-
ste Feldherr ist: ich will euch aber allen
in meiner künftigen Editione des Demosthenis euer Löbchen schon preisen. Höre also an und merke auf, und nimm Du
dieses wohl hin; Du, o wie soll man dich
bey Deinem rechten Nahmen nennen,
der Du über meine Verdeutschung des
Demosthenis dich entrüstet, drauf gezür-
net und gescholten und gekiffen, und mir
Verbrechen vorgerückt, die Du mit einem so großen und greßlichen Geschrey,
daß man dich darüber anspeyen möchte,
mir vorgeworfen hast. Du bist ein Part-
ner der höllischen Rotte, die Du mit un-
glaublicher Verblendung ergriffen und
gekieset hast. Ich will auf dich schon
loß-

loßziehen, und dem ganzen Staate zeigen, wie Du mir in die Haare geritten bist, und kein kräftiges Deutsch verstehest, und auch nicht von mir lernen willst. Ich will Dich noch zerschellern mit meinem kräftigen Schreibstil, so wie Demosthenes die Spaltungen von Geschenkfressern und andern Schelmen zerschellert hat.

Alle Tage, die Gott läßt werden, will ich Dich als einen ungezogenen, ausgelassenen Flegel bekant machen: und binnen 4 Wochen mach ich eine Raufklage gegen dich anhängig, Du Kesselgenosse von der Klotzischen Samptung, und will dir die Blase allerdings aufstechen, du Sündenbock, du Besenstiel. Frenlich habe ich kauderwelsch übersetzt, aber weil ich den Sinn nicht verstand, und Du Spitzbube (πονηρε) kansts doch nicht besser machen, und wenn Du durch Scheuern und Reiben, Schaben und Kratzen alles

von

von einer Periode herunterreissen woll-
test, was deinen auribus delicatulis nicht
löblich genug klänge.

Ich fange eine Raufklage gegen Dich
an, ich sage es noch einmal, merk es,
du bitterer, herber, strenger, unholder
Menschenfeind, der Du aussiehst, wie
ein Topf voll Mäuse. Da will ich schon
vor dem Gerichte mit Dir mich beissen,
balgen und rammeln, denn Du bist ein
Räckel und Unmensch, und ein zänckischer
Tölpel, und ein Rauffer und Krackes-
ler.

Ich mag mit Dir, du Lausenmacher,
nichts weiter mehr vorhaben, sondern ich
will dir etwas anders weisen. Man
würde dencken, ich wäre nicht wohl ge-
scheidet, wenn ich Dich nicht gerichtlich
ansprechen wollte? solchen Flecken laß
ich auf mir nicht sitzen. Du sollst es mit
einem Spießgesellen zu thun haben, der

Dir den Rank gewiß ablaufen wird, und ich will in meinem Krieg und Kampf gegen Dich gewiß obsiegen, du Lausenmacher, Du Selbstöhlbulle.

Doctor Reiske.

Funfzehnter Brief.

Herr Professor Raspe
in Cassel
an
den Herrn Legationsrath Leiding
in Hamburg.

Cassel, am heil. Abend vor den Weyhnachtsfeyertagen.

Ich schreibe diesen Brief an Sie — Was braucht es einer weitern Erklärung? —

Funfzehnter.

klärung? — Genug, der Verfasser der Verlohrnen Bäuerin und der Romanze, Hermin und Gunilde, thut Ihnen jetzt einen Vorschlag — Bravo, mein Herr! — auch Sie sind Verleger einer Zeitung, einer Kaiserlich privilegirten Zeitung — Ein gutes Werk! ein löbliches Unternehmen! — ma foi! — Ihr Avertissement sagt, daß die besten Köpfe Deutschlandes den gelehrten Artickel verfertigten — viel versprochen! — aber fistula dulce canit, wie der alte Poet, Xenophon, sagt. — Nur mit Ihrer Erlaubniß (avec votre permission!) jetzt noch nicht völlig wahr, weil ich noch keinen Antheil daran habe. Aber ich werde ihn haben, — Ich zeige Ihnen meinen Entschluß an. — Dann erst arbeiten die besten Köpfe an Ihrer Zeitung; dann werden Sie Geld dafür einnehmen, daß Sie so reich, wie Alexander und Scanderbeg werden; dann brauchen Sie nicht weiter alle vier Wochen

Wochen Ihre Avertissements herumzuschicken, wenn ich in Ihre Gesellschaft trete — ich — Bedenken Sie diesen Strich! — Par dieu! was will ich thun! Alle meine Feinde, die bisher mit mir so grausam umgegangen sind, die will ich tödten; tödten, ja tödten will ich sie; decidiren will ich, und denn ist nicht zu befürchten, daß man mich mit meinem Decidiren so arg verspotte, als es in Hannover geschehen ist, — wo — man mich den Decidir-Raspe nennte. — Keine Schande! — Ehre vielmehr! — Enfin, ich gehöre zu den besten Köpfen — ich besitze alle Autores classicos ieder Nation, wie ich dieses bereits tausend Leuten gesagt habe — Ich verstehe zwar nicht Lateinisch, Griechisch, Deutsch, Französisch, Englisch — aber doch von allen, je vous assure, etwas, daß ich damit in Gesellschaften fortkommen kann. — Ueber dieses, mein Herr, meine Mine — o meine Mine! —

sie

Funfzehnter.

sie die vielbedeutende — die gelehrte Mine. — Mein Englischer Rock — meine Stiefel — alles zeigt einen Etranger an — Für das übrige lassen Sie mich sorgen. Ich bringe Ihre Zeitung empor, und keine soll ihr gleich kommen, nicht die Jenaische, nicht die bediabelte Hallische, in welcher ich mich — sed motus praestat componere fluctus — nur die Göttingische will ich schonen, weil daselbst meine Freunde sind. Im übrigen

Θέλω λέγειν Ἀτρείδας,
Θέλω δὲ λέγειν Κάδμον.

Ich verbleibe, mein Herr, jusq'à la fin de mes jours

le Votre
RASPE Conseiller et
Professeur.

N. S.

Scurrilischer Briefe Fünfzehnter.

N. S.

Bald hätte ich es vergessen! — Auch ein Philosoph bin ich — Ich habe Leibnitzens Werke zum Druck befördert, und mir bald die Finger beym Copiren wund geschrieben. — Und — die Gedankenstriche hat niemand so sehr in seiner Gewalt, als Ich. Sehen Sie einmahl diesen langen schönen Strich an

———————————————————

Sechzehnter Brief.

Herr Riedel

an

Herrn Wieland.

Als ein Supplement zu den Briefen über das Publicum.

Erfurt, am 13. Decemb. 1768.

Was Zenidens Bild für Ihren Idris, und für Don Sylvio die Gestalt seiner unbekannten Prinzeßin war, das ist für mich meine Grille — eine neue Litteraturschule zu stiften, und keinen Mit-Consul zu leiden, als allenfalls Sie. Ueberall find ich sie, auch wenn ich sie nicht suche; sie läßt sich einhohlen, ohne daß

daß ich ihr nachlaufe; immer verfolgt mich der Gedanke, und beynahe

il monte en croupe & galope avec moi *).

Geschwind muß ich Sie also, mein Busemsfreund, von dem bisherigen Fortgang meines Projects benachrichtigen; ich weiß, daß Sie an allem Antheil nehmen, was mich betrift, und auch bey dieser Geschichtsklitterung können Sie nicht gleichgültig seyn, da der Mechanismus Ihres Herzens so sehr mit dem meinigen sympathisiret.

Fürs erste hab ich mich bemühet, diejenigen auf meine Seite zu bringen, welche für das polirte (nun kommt mein Leibwort!) Publicum den Ton angeben. Deßwegen lobte ich Ramlern, Moses, Leßingen, Weissen und Klozen bey aller Gelegenheit; und auch bey ihrer iezigen

---

*) S. die Briefe über das Publicum. S. 64.

itzigen Zwisten suche ich mich so aus der Sache zu ziehen, daß ich mit keinem öffentlich zerfalle. In den Briefen über das Publicum mußte daher auch Nikolai eine Stelle erhalten; und ich kann Ihnen sub sigillo confessionis entdecken, daß ich noch gewisse heimliche Verbindungen habe, die niemand weiß, und niemand wissen soll ewiglich (auch eine von meinen Formeln!)

Zweytens muß ich Ihnen sagen, daß ich sogar den Verfasser der hamburgischen Nachrichten aus dem Reiche der Gelehrsamkeit angeworben und auf meine Seite gebracht habe. Einmahl entfuhr mir der Ausdruck, daß es eine Strafe sey, von ihm gelobt zu werden: aber tausendmahl hab ich es bereuet, so undankbar gegen diesen Mann gewesen zu seyn. Es geht mir, wie dem Hrn. Carpov, dessen Charakter ich so schön beschrieben habe: das Lob ist mir immer angenehm, selbst aus dem Munde der

F   Un-

Unmündigen und Säuglinge. Ich habe also ißt selbst mit dem sogenannten schwarzen Zeitungsschreiber den Todesbund beschworen und eine Eidgenossenschaft errichtet, in der ich mich sehr wohl befinde. Dieser Mann hat nicht nur mich neulich in die Classe der scharfsinnigsten Weltweisen versetzet; sondern auch selbst in der Geschichtsklitterung (verzeihen Sie mir dieses Wort, es ist einer meiner originellen und launichten Kernausdrükke) in der Geschichtsklitterung also von dem Gastmahle auf dem Brocksberge mich nicht mehr, wie er sonst wohl würde gethan haben, der Schaar der Sünder und Teufelsbuben zugesellet. Zwar sagen einige Leute: „Es sey eine Schande und die höchste Stufe der Schande, von diesem Manne gelobt zu werden, und Ehre sey es in aller Absicht, mit Klozzen und Duschen bey Hrn. Twentgiber zu speisen." — Aber auch dies gehört zu meinem neuen System

stem des menschlichen Herzens, wovon ich ohne Ruhm zu melden, ein großer Kenner bin, daß alles Lob wohl riecht, wie der Tribut des Kaisers Vespasian, gesetzt auch, daß es aus einem stinkenden Munde käme.

Drittens sollen Sie wissen, daß ich nunmehr mein eigenes kritisches Tribunal etablirt, und solches so eingerichtet habe, daß gewiß auch der mittelmäßigste Leser mit mir zufrieden seyn wird. Ich schreibe nämlich eine Philosophische Bibliothek, in welcher ich zwischen allen bekannten Secten mich hinschleiche, und ieder ein Compliment mache, um sie alle auf meiner Seite zu behalten. Selbst Hrn. D. Crusius hab ich beyläufig gelobt; desgleichen den Hrn. Darjes, und bey dem allen hab ich es auch mit den Wolfianern so leidlich gemacht, daß ich mir getraue, so ziemlich durchzuschlüpfen. Nicht minder schreibe ich auch nun eine Zeitung, und da ich im

Vorberichte nicht undeutlich versprach, alles zu loben und nichts zu tadeln; so hat mir dieses schon einen solchen Stoß von übersendeten Werken der Schriftsteller eingetragen, daß ich beynahe, wozu ich ohnehin aus gewissen Ursachen nicht übel Lust habe, einen Buchladen errichten könnte.

Viertens denke ich darauf, mit den Antikritikern einen billigen Vergleich einzugehen, und correspondire deswegen schon mit verschiedenen unter ihnen, die mir ihre freundschaftlichen Hände geboten haben.

Fünftens muß in ganz Deutschland kein Winkel seyn, wo ich nicht einen oder mehrere Correspondenten hätte. Postgeld kostet es mich genug; allein es wird mir auch auf eine andere Manier reichlich vergolten. Ich weiß daher alles, was auf den Studierstuben vorgeht, und ich

ich ermangle nicht, dieser geheimen Nachrichten mich zu meinem Vortheil zu bedienen.

So weit bin ich jetzt in der Ausführung meines Projects gekommen. Aber nun müssen Sie auch noch das Ihrige beytragen. Sie müssen mir, ausser dem Idris, bald wieder ein Gedicht bediciren, oder einen Brief an mich vorsetzen, oder so etwas ähnliches. Sie glauben es nicht, was das für Eindruck auf die Leute macht! Wenn ich mich nur noch einigermassen gehoben habe, so wollen wir zusammen ein neues Journal anfangen, das Rauche herauskehren, Klozzen, Weissen und alle andere vom Throne herabstossen, und dann — o mein Busensfreund! mit unseres Hamiltons Laune den ganzen Parnaß despotisch beherrschen. Meine Briefe über das Publicum, in welchen ich unsere beliebten Grundsätze aus dem Agathon und dem

Don Sylvio weiter ausführe, sind nur die Vorläufer dieser glückseligen Zeit, in welcher wir triumphiren werden, in spite of all the Reviewers in Cristendom. (das ist wieder ein Favoritausdruck, den ich hier und da in Privatbriefen zu brauchen pflege). Sie wissen schon, mein Freund, daß wir dies Yorikischen Humour zu nennen pflegen.

Leben Sie wohl, und grüssen Sie ganz Biberach, den vortrefflichen Ort, wo ich so vergnügte Tage gehabt habe. Ich umarme Sie in der Geschwindigkeit; denn ich muß noch an meinen Nikolai und an den Herrn Verfasser der Hamburgischen Nachrichten schreiben. Ich bin ꝛc.

N. S.

Sechzehnter.

N. S.

Bald hätte ich es vergessen, Madame die Hand zu küssen. Es ist Ihnen bekannt, daß ich ein großer Liebhaber vom Handküssen bin. O, mon ami! il y a quelques jours que j'ai vû une femme tout à fait semblable à notre Musarion; j'en serais devenu fou, si je n'avois vû Musarion elle même. — An excellent Woman! — Der Bogen ist voll; ich kann also nichts Italienisches hinzusetzen, ob wir gleich sonst gewohnt sind, mit deutschen, französischen, englischen und italienischen Zungen zu reden. Noch einmahl, leben Sie wohl!

Ende des ersten Theils.

Druckfehler.

S. 11. Z. 21. l. denselben anstatt derselben.
S. 30. Z. 2. l. anstatt.
S. 36. Z. 3. l. Frömmigkeit anstatt Traurigkeit.
S. 41. Z. 18. l. Hefte anstatt Helfte.
S. 44. Z. 5. l. bin mit der.

Die übrigen Druckfehler mag ein anderer aufsuchen! vielleicht geben sie ihm Stoff zu einigen antiquarischen Briefen.